PATRICIA LEE GAUCH es la autora de un buen
número de cuentos ilustrados, entre los que se
encuentran los cuatro títulos anteriores de Tanya.
Es también la directora editorial de Philomel Books.
Patricia vive en Hyde Park, Nueva York,
con su marido Ronald.

SATOMI ICHIKAWA es una ilustradora de
gran prestigio internacional. Ha ilustrado un gran
número de libros, incluyendo todos los títulos de
Tanya. Satomi nació en Japón y actualmente vive
en la cima de una colina en París.

Tanya y las zapatillas rojas

Tanya y las zapatillas rojas

PATRICIA LEE GAUCH

ilustrado por SATOMI ICHIKAWA

ediciones
SerreS

$\mathcal{M}$e llamo Tanya. Puedo decir que he actuado con las clásicas zapatillas blandas, que he danzado descalza yo sola ante el espejo de mi madre y que he bailado en zapatillas deportivas con mis amigos y amigas al ritmo de nuestra música preferida.

Pero lo que nunca he hecho es bailar de puntillas con zapatillas de ballet.
¡Me encantaría! Lo que yo digo es que si mi hermana Elisa ya se las pone,
¿por qué yo no? "Porque todavía no estás preparada para andar *sur pointes*,"
me responde siempre la profesora.

Sur pointes quiere decir sobre las puntas de los dedos. "Algún día te las pondrás",
dice ella. Pero eso de 'algún día' a mí me suena a muchísimo tiempo.

Un día vi el ballet de *Las zapatillas rojas*
por televisión. La bailarina daba vueltas y más vueltas
de puntillas sobre unas zapatillas del rojo más maravilloso
que he visto jamás.

Esa noche soñé que era yo
la que daba vueltas sin parar sobre las
puntas de mis pies con unas zapatillas de un
color rojo preciosísimo.

Pero cuando desperté, a los pies de mi cama seguían estando mis zapatillas rosas de siempre. Eran viejas, gastadas y no tenían cintas. "Aún eres pequeña para ponerte de puntillas", me dijo mi hermana cuando le conté mi sueño. "Algún día podrás".

¡Algún día, algún día...!

Esa tarde, al terminar mi clase me quedé a ver a Elisa practicar *sur pointes*.
Y al llegar a casa me puse a bailar de puntillas como una loca alrededor de la
mesa del comedor, como si llevara puestas mis maravillosas "zapatillas rojas".

El tiempo pasó, y un día de primavera la señorita Foley nos reunió a todas y nos dijo:
"Vais a empezar a bailar de puntillas. El próximo día tenéis que traer zapatillas de ballet".

¡Yupiiii! Por poco me estalla el corazón de alegría.

Al día siguiente fui con mi madre a comprarlas.
Mientras iba a clase era como si en vez de zapatillas llevase delicadas flores en las manos.

Enseguida la profesora nos animó a subirnos sobre ellas.

¡Hala! ¿Habéis visto qué alta soy? ¡Si parezco una reina! ¡Y con el impulso de la música casi podría volar...!

Pero cuando empezaba
a entusiasmarme... resulta
que habíamos terminado.

"Por hoy nada más que cinco
minutos", dijo la profesora. Y ahí nos ves a
todas, arrastrándonos por los suelos como
si fuéramos elefantes. Plof, plof, plof...

No solo me dolían muchísimo los dedos, sino que me salieron varias ampollas. Sinceramente, aquello no se parecía demasiado a mi sueño de las zapatillas rojas.

Aquella noche la pasé con los pies metidos en agua caliente y, por supuesto, de sueños maravillosos, nada. La siguiente clase fue igual. Y la siguiente. Yo seguía colgando mis zapatillas a los pies de la cama, y a veces las acunaba como si fueran preciosas flores, pero poco a poco empecé a pensar sobre si realmente las zapatillas eran algo tan mágico y tan especial como yo creía, o no...

Un día las tiré muy lejos.

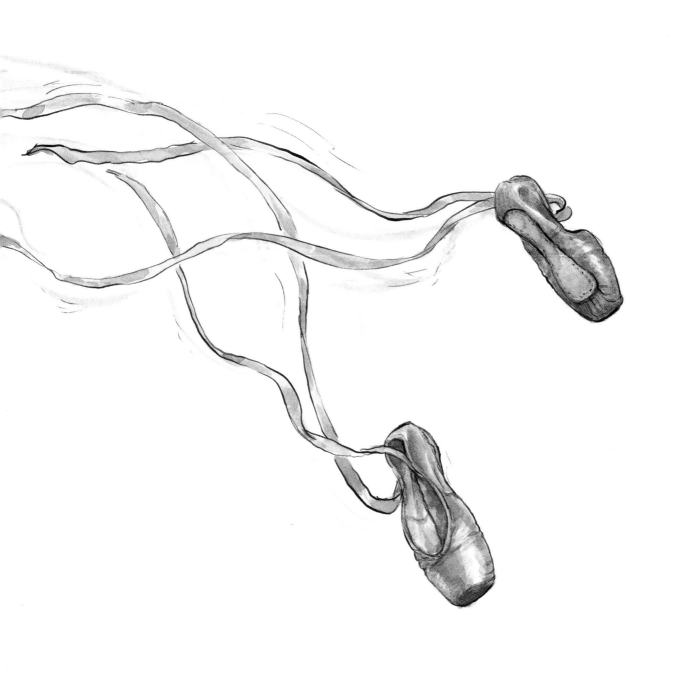

Por suerte me había
visto Elisa. Recogió
las zapatillas y las
apretó contra su pecho.
Luego me tendió
la mano y me dijo:
"Ven, vamos a bailar".

Y juntas bailamos con música de violines.

"¡Mírame!", exclamó de repente. Y entonces se alzó sobre las puntas de sus pies y, majestuosa como una reina, comenzó a girar y a girar al compás de los violines.

Después tomó impulso y dio un salto como nunca antes la había visto hacerlo.
Ésta es la magia con la que había soñado, me dije. Mi hermanita vuela.

Al acabar la música, me dijo: "Todo es cuestión de tiempo."

Y así pasaron los días, y
las semanas, y mis ampollas se
curaron, y yo pude bailar cada vez más
tiempo *sur pointes*.
Y llegó el día en que me olvidé de los dolores de dedos
y de las rozaduras, y dejé de sentirme pesada como un elefante.

Una noche volví a tener un maravilloso sueño. Era de una bailarina
con unas preciosas zapatillas rojas. Y en el sueño… la bailarina era yo.

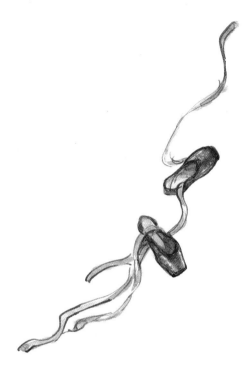

Título original: *Tanya and the Red Shoes*
Adaptación: Miguel Ángel Mendo
Fotocomposición: Editor Service, S. L.

Editado por acuerdo con Philomel Books

Texto © 2002 Patricia Lee Gauch
Ilustraciones © 2002 Satomi Ichikawa

Este libro ha sido diseñado por Semadar Megged.

Primera edición en lengua castellana para todo el mundo:
© 2005 Ediciones Serres, S. L.
Muntaner, 391 – 08021 – Barcelona

www.edicioneserres.com

ISBN: 84-8488-197-0

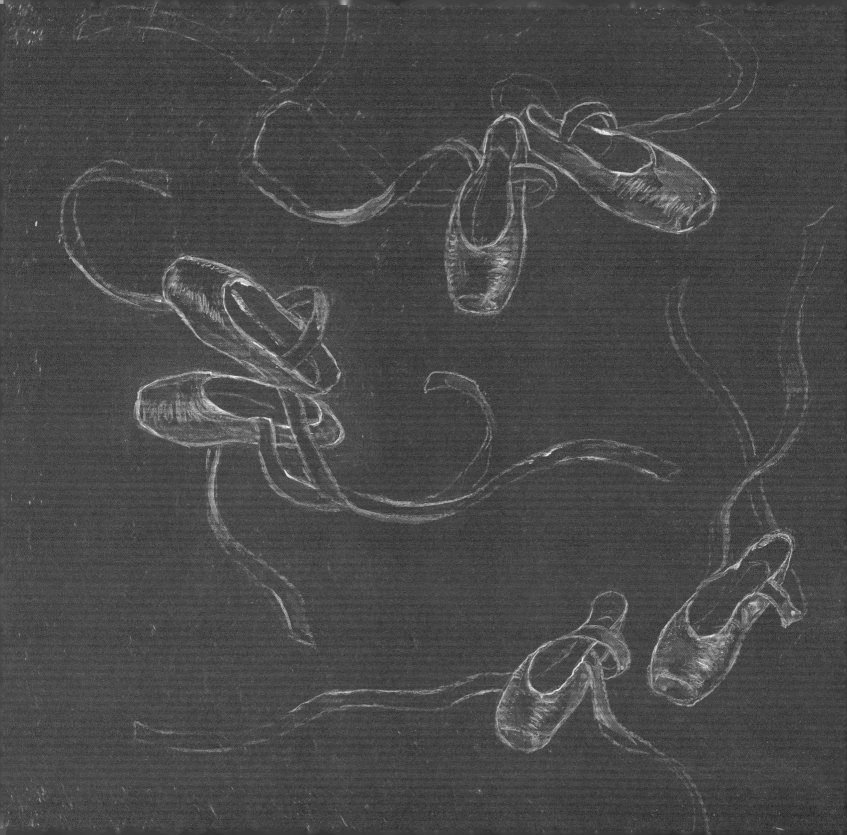